LE CHINOIS POLI EN FRANCE,

PARODIE

DU CHINOIS DE RETOUR,

Intermede Italien.

EN UN ACTE.

Repréſentée pour la premiere fois à Bruxelles
par les Comédiens François le 23. Août 1755.
ſous la Protection de S. A. R.

M. D. CC. LV.

ACTEURS.

UN MANDARIN, *Mr d'Hannetaire.*

NOUREDDIN, Chinois qui a voyagé
en France, *Mr Le Jeune.*

HAMSI, autre Chinois, *Mr Jourdan.*

EGLE', } filles du } { *Mlles* } *d'Hannetaire.*
ZAIDE, } Mandarin, } { } *Destrel.*

La Scene est dans la Maison du Mandarin.

LE CHINOIS POLI EN FRANCE,

PARODIE

EN UN ACTE.

SCENE PREMIERE.

LE MANDARIN, EGLE', ZAIDE.

LE MANDARIN.

A i r. On n'aime point dans nos Forêts.

D'UN projet qui doit vous flatter,
Il est tems que je vous instruise;
Mes filles, il faut m'écouter,
Et me répondre avec franchise.
Je veux à chacune de vous
Aujourd'hui donner un Epoux.

B 2

E G L E', *à part.*

A I R. *La jeune Abbesse de ce lieu.*

Aujourd'hui même, quel plaisir!

Z A I D E, *à part.*

O Dieux! quelle peine cruelle!

haut.

Vous sçavez, pour vous obéir,
Quel fut de tout tems notre zéle;
Pardonnez, pour la premiere fois,
Si nous résistons à vos loix.

L E M A N D A R I N.

A I R *Passerons-nous sans amours.*

Plait-il?

E G L E'.

Où tend ce discours?

Z A I D E.

Quand tous les jours,
Vous faites éclater
Sur nous votre tendresse,
Pouvons-nous sans tristesse
Songer à vous quitter?

L E M A N D A R I N.

A I R. *Ah! que je me lasse d'être.*

On peut s'affliger sans doute,
Lorsque d'un pere chéri
Il faut se séparer ainsi;
Mais si cette perte coûte,
Pour en adoucir l'ennui,
Rien ne vaut mieux qu'un bon mari.

Z A I D E.

Non, jamais la jouissance

PARODIE.

Des biens que l'Hymen difpenfe
N'aura tant d'attraits pour nous
Qu'une heureufe indépendance.

EGLE'.

Hé, ma Sœur, parlez pour vous.

ZAIDE.

AIR. *Bouchez Nayades vos Fontaines.*

Quoi, vous penfez au mariage!

LE MANDARIN.

Elle raifonne en fille fage :
La vertu dans le célibat
Eft d'un ufage difficile ;
Dans l'Hymen elle a moins d'éclat ;
Mais elle eft auffi plus facile.

EGLE'.

AIR. *A deux genoux près de Sylvie.*

Je ne fçais point me contrefaire ;
Ce que mon Pere ordonnera,
Je me fens d'humeur à le faire,
Et prête à tout ce qu'il voudra.

ZAIDE.

AIR. *Le jeune Berger qui m'engage.*

Il eft un moyen très-facile.
De nous contenter toutes deux :
Puifque ma Sœur eft fi docile,
Qu'un doux Hymen comble fes vœux :
Moi qui, malgré fa longue abfence,
Garde mon cœur à Noureadin,
Souffrez qu'avec même conftançe,
Je lui réferve auffi ma main.

LE MANDARIN.

A I R. *De Joconde.*

Je ne sçaurois blâmer en toi
    Cette délicatesse ;
Non, tu n'engagera ta foi
    Qu'au gré de ta tendresse ;
Ton Amant…

ZAIDE.

                Ciel ! que dites-vous ?

LE MANDARIN.

        De retour à la Chine,
Est, ma fille, l'heureux époux,
    Qu'un Pere te destine.

EGLE'.

A I R. *A quoi s'occupe Magdelon ?*

Et moi ne pourrai-je sçavoir
A qui je suis destinée ;
Et moi ne pourrai-je sçavoir
Quel Epoux je dois avoir ?

LE MANDARIN.

A I R. *Tout roule aujourd'hui dans le monde.*

Si le jeune Hamsi peut te plaire,
Tu connois son rang & son bien ;
Sitôt je termine l'affaire.

EGLE'.

Votre choix décide le mien.

LE MANDARIN.

Il doit venir par sa présence,
De ses feux hâter le succès :
Moi de cette double alliance,
Je vais ordonner les apprêts.   *Il sort.*

SCENE II.

EGLE', ZAIDE.

EGLE'.

A i r. *Ah! le bel oiseau maman.*

SErez-vous toujours, ma Sœur,
Triste, rêveuse, inquiette:
Hé quoi, de votre bonheur
Qui peut troubler la douceur?
Votre Amant est de retour;
Pour vous unir tout s'apprête.

ZAIDE.

O! moment que mon amour
Craint autant qu'il le souhaite;
Ce Noureddin que j'attends,
M'aimoit d'une ardeur parfaite!
Mais qui sçait, après trois ans,
Quels seront ses sentimens?

EGLE'.

A i r i e t t e.

D'une vaine crainte,
Votre ame est atteinte;
Une vaine crainte
Vous tient en suspens.
Soyez plus prudente,
Et cedez au tems,
Comme il se présente,
Pour moi je le prends.

A i r. *Tous les matins dans nos Forêts.*

Mais à propos, de nos Amans,
Nous attendons la visite;

Vous fçavez que les agrémens
Font auprès d'eux notre mérite,
C'eft par nos charmes
Qu'ils font enchaînés.
Venez, venez,
Nous mettre fous les armes.

ZAIDE.

AIR. *Que craignez-vous charmante Reine.*

Des feuls attraits de la nature,
Paroiffons, à leurs yeux, emprunter notre fard,
N'employons point d'autre parure;
L'art de plaire toujours eft de plaire fans art.

EGLE.

AIR. *L'équipage le plus en ufage.*

La plus fage
Peut mettre en ufage
Les moyens permis
Pour faire des amis;
Quand pour plaire
L'art eft néceffaire,
On doit s'en fervir
Si l'on veut réuffir.

Les hommes toujours
Jugent par l'écorce;
Nos atours
Pour eux font une amorce;
Tout dépend
D'un premier moment,
Si dans l'inftant
Le cœur ne fe prend,
Sans nul efpoir
Notre beauté perd fon pouvoir.

Elle tire un miroir de fa poche, & rajufte fa coëffure.

PARODIE.

La plus fage
Peut mettre en ufage
Les moyens permis
Pour faire des amis :
Quand pour plaire,
L'art eft néceffaire,
On doit s'en fervir
Si l'on veut réuffir.

ZAIDE.

A I R. *Comme un coucou que l'Amour preffe.*

Quelqu'un vient, c'eft Hamfi, je penfe.

EGLE'.

Cachons vîte notre miroir.
L'art eft permis; mais par prudence,
Il ne faut pas le laiffer voir.

SCENE III.

EGLE', ZAIDE, HAMSI.

HAMSI.

A I R. *La nuit dans les bras du repos.*

SI j'en crois ce qu'en ce moment
Votre Pere vient de m'apprendre,
Vous approuvez le fentiment
Qui l'a fait me nommer fon gendre;
Mais il faut que votre cœur
Confirme un aveu fi tendre;

Mais il faut que votre cœur
Confente à faire mon bonheur.

E G L E'.

A i r. *L'autre nuit j'apperçus en fonge.*

De mon deftin mon Pere eft maître,
Je foufcris fans peine à fes loix;
Mais en me voyant, votre choix,
Commence à vous gêner peut-être;
Vous me fuppofiez des appas,
Qu'en moi vous ne trouverez pas.

H A M S I.

A i r. *Branle de Mêtz.*

Belle Eglé, pouvez-vous faire
Cet outrage à vos attraits?
J'en reffens trop les effets;
Oui, foyez fûre de plaire:
Mais un goût plus délicat
Me conduit dans cette affaire,
Vos vertus ont un éclat
Dont je fais bien plus d'état.

Z A I D E.

A i r. *A l'ombre de ce verd boccage.*

D'une maniere ingénieufe
On vous fait entendre par-là,
Qu'il faut être moins curieufe
De fa beauté.

E G L E'.

     Pourquoi cela?
A l'honneur de paffer pour fage,
Lorfque l'on joint les agrémens:
N'eft-ce pas un double avantage?

HAMSI.

C'est raisonner de très-bon sens.

à part.

AIR. *Pour voir un peu comment ça fra.*

Mais l'autre raisonne encor mieux.

ZAIDE, *à part.*

Il ne dit pas tout ce qu'il pense.

EGLE', *à part.*

Il me paroît bien sérieux.

ZAIDE.

J'augure mal de ce silence.

EGLE'.

Avant de conclure, il est bon
D'y faire quelque attention.

AIR. *Quand je vous ai donné mon cœur.*

Aux qualités du cœur, on doit
Accorder son estime,
C'est un tribut qu'on ne sçauroit
Leur refuser sans crime.

ZAIDE.

Et l'amour ?

EGLE'.

Et l'amour, je crois,
Est l'effet d'un joli minois.

HAMSI.

AIR. *Dormir est un tems perdu.*

Un objet moins gracieux,
Je vous le repete,
S'il est sage & vertueux,
Sur une beauté parfaite,

Dans mon cœur l'emportera.

E G L E'.

Le pauvre Galant! il n'a
Que la sagesse en tête.

A I R. *Tu croyois en aimant Colette.*

Etes-vous toujours raisonnable.

H A M S I.

Oui,

E G L E'.

Tant pis,

H A M S I.

Je reste interdit.

Z A I D E.

Vous verrez que pour être aimable,
Il faut avoir perdu l'esprit.

H A M S I.

A I R. *M. le Prévôt des Marchands.*

Ennemi de la vanité,
Toujours avec sincerité,
Tel je suis, tel je veux paroître.
Prêts de nous lier pour jamais
Nous ne pouvons trop nous connoître.

E G L E', *à part.*

Il semble qu'il le fasse exprès.

A I R. *Tant de valeur.*

haut.

Hamsi, vous avez en partage
Tout ce qui peut faire estimer;
Si vous voulez vous faire aimer,
Croyez-moi, changez de langage.

PARODIE.

ZAIDE.

AIR. *Donnez amans, mais donnez bien.*

Ma Sœur, vous êtes la premiere
Qui fassiez un crime à quelqu'un
D'avoir beaucoup de sens commun;
Il est si rare sur la terre,
Qu'on ne sçauroit trop le chérir,
Où l'on a pû le découvrir.

EGLE'.

AIR.

L'Amour est un enfant badin,
Les jeux forment son empire;
Qui sçait folâtrer & rire
Devient heureux soudain.
Souvent il se rient caché
Dans un cœur qui l'ignore,
Sans qu'on s'en doute encore,
Le trait est lâché.
L'Amour est un enfant badin,
Les jeux forment son empire:
Qui sçait folâtrer & rire,
Devient heureux soudain.

HAMSI.

AIR. *Suivons l'Amour, c'est lui qui nous mene.*

Très-clairement, c'est me faire entendre,
Qu'à votre main, j'ai tort d'aspirer.

EGLE', *froidement.*

Ah! vous pouvez toujours y prétendre.

HAMSI, *à part.*

Mais le plus sûr est de me retirer.

ZAIDE.

AIR. *Ton humeur eſt Cathéreine.*

Que faut-il donc pour vous plaire,
Si vous penſiez comme il faut,
Sa tranquilité, ma chere,
Ne ſeroit plus un défaut,
Vous ne ſçavez pas encore
Qu'en fait d'Hymen ou d'Amour,
La plus agréable aurore
Ne fait pas le plus beau jour.

SCENE IV.

NOUREDDIN, *& les précédents.*

NOUREDDIN, *à part dans l'enfoncement.*

AIR. *Cotillon couleur de roze.*

DU tems que j'ai mis à mon voyage,
Montrons ici que j'ai profité,
J'ai ſans vanité
Un joli jargon, de l'uſage;
Cela me ſuffit,
Je crois, pour me mettre en crédit;
Allons à Zaide en faire hommage,
Du moindre retard ſon cœur gémir.

à Zaide.

Le deſtin propice à mes vœux
Me rend enfin tout ce que j'aime.
Eſt-il un mortel plus heureux ?

ZAIDE.

C'eſt vous Noureddin?

NOUREDDIN.

C'eſt moi-même.
Depuis trois ans, loin de vos yeux,
J'ai ſouffert une peine extrême.

ZAIDE.

Si l'abſence fait tant ſouffrir,
Il falloit plûtôt revenir.

NOUREDDIN.

Air. *Je ſuis un bon Soldat.*

Le reproche eſt flatteur
   Pour mon cœur.
Oui, ma chere Zaïde,
Je vois avec tranſport
   Cet effort
De l'Amour qui vous guide.

ZAIDE.

Air. *J'ai revé toute la nuit.*

N'êtes-vous que de ce jour
A la Chine de retour?

NOUREDDIN.

Les Amis & les Parens
Ont juſqu'à préſent rempli tout mon tems.

ZAIDE.

L'Amour devoit bien du moins
Occuper vos premiers ſoins.

NOUREDDIN.

Airiette.

Ne craignez rien, vous êtes trop belle,

Et votre Amant est trop fidelle
Pour vous avoir manqué de fois :
Je veux mourir sous votre loi.
Le trait par vos yeux lancé,
Jamais ne peut être chassé.
C'est lui qui me ramene
Mon cœur, de reprendre sa chaîne,
Se trouve forcé.

Air. *Le Démon malicieux & fin.*

Eh, que fait cet homme auprès de vous?

ZAIDE.

De ma Sœur ce doit être l'Epoux.

NOUREDDIN.

Ah, fort bien.

ZAIDE.

Mais un petit caprice,
Dans leur amour répand quelque froideur,
Vous pouvez lui rendre un bon office,
En nous aidant à la tirer d'erreur.

NOUREDDIN.

Air. *Babet que t'es gentille.*

C'est donc là votre Sœur?
Elle est parbleu jolie :
Si vous n'aviez mon cœur,
J'en aurois presqu'envie.

EGLE'.

Qu'il est délicat!

HAMSI.

Qu'il me paroît fat!

NOU-

N O U R E D D I N, *à Hamsi.*

Vous l'aimez bien, sans doute ?

H A M S I.

Assurement.

N O U R E D D I N.

C'est fort bien fait.
C,a voyons donc pour quel sujet,
Entr'eux le divorce se met :
Parlez, je vous écoute.   *bis.*

Z A I D E.

A I R. *Nous autres bons Villageois.*

Chacun selon son humeur,
Tâche d'exprimer sa tendresse ;
L'un en parle avec douceur,
Et l'autre en folàtrant sans cesse.
Or, je dis...

N O U R E D D I N.

Vous avez raison.

Z A I D E.

Laissez-moi donc achever...

N O U R E D D I N.

Bon !

Z A I D E.

Vous n'êtes pas instruit ..

N O U R E D D I N.

D'accord :
Mais vous ne sçauriez avoir tort.

Z A I D E.

A I R. *Dans un bois, la trop simple Annete.*
Je soutiens qu'un Amant peut plaire ;

B

Quoique d'un air férieux
Il exprime fes feux,
A l'objet de fes tendres vœux:
Ma Sœur qui penfe le contraire,
Aux dépens du fentiment
Cherche dans un Amant
　　L'enjouement.

NOUREDDIN.

A i r. *Du haut en bas.*

Elle a raifon,
On ne doit aimer que pour rire,
Elle a raifon.

ZAIDE.

Eh, comment l'entendez-vous donc?

NOUREDDIN.

C'eft un fardeau, c'eft un martire,
Qu'un Galant qui toujours foupire:
Elle a raifon.

EGLE'.

A i r. *L'Oifeau Royal.*

A notre âge,
Un doux badinage
Eft-il donc
Hors de faifon?
La jeuneffe
Doit rire fans ceffe:
La fageffe un jour
Aura fon tour.
Il faut dans la vie
Un peu de folie,

PARODIE.

Sans quoi tout languit,
Tout s'assoupit.
Le plaisir enchante,
La raison tourmente ;
C'est donc au plaisir
A la bannir,

NOUREDDIN.

A son âge,
Un doux badinage
Est-il donc
Hors de saison ?
La Jeunesse
Doit rire sans cesse ;
La Sagesse un jour
Aura son tour.

ZAIDE.

AIR. *Je ne sçais pas écrire.*

Vous n'avez jamais eu ce ton.

NOUREDDIN, *à Hamsi.*

Ainsi, Monsieur le Céladon,
Pour apprendre l'usage,
Allez en France, comme moi,
Vous avez besoin sur ma foi,
De ce petit voyage.

HAMSI.

AIR. *Sûre de ta foi.*

Ah ! Si j'ai besoin
D'acquerir du sçavoir,
Sans aller si loin,
Il suffit de vous voir.

LE CHINOIS,

NOUREDDIN.

Oui, sans hiperbole;
Pour vous, mes leçons
Seroient une Ecole
Des belles façons.

HAMSI.

AIR. *Joli cœur n'est point volage.*

Vous êtes pétri de graces;
On ne sçauroit s'égarer
Quand on marche sur vos traces.

NOUREDDIN.

Je veux bien vous les montrer.

EGLE'.

AIR. *Preuve de folie.*

Ma Sœur, il est charmant.

HAMSI.

Dieux! quelle modestie!

ZAIDE.

Hélas! je vois à tout moment
Croître sa folie.

NOUREDDIN.

AIR. *Pierrot se plaint que sa femme.*

Que chuchottez-vous ensemble?
Vous me paroillez surpris,
De mon habit ce me semble;
N'est-il pas d'un goût exquis?

HAMSI.

Oui, mais le sage,
En tous lieux doit être mis

PARODIE.

Selon l'ufage.

NOUREDDIN.

AIR. *Du haut en bas.*

Le Sage ? bon !

ZAIDE.

Par tout je crois, c'eft la méthode.

NOUREDDIN.

Vous croyez donc ?
Mais en dépit de fa leçon,
L'homme aimable établit la mode,
Et malgré le fage incommode,
Donne le ton.

AIR. *De l'Amour tout fubit les loix.*

Croiriez-vous que même à Paris,
Moi, moi tout Chinois que je fuis,
J'en ai mis en vogue plus d'une,
Que mon goût
Faifoit loi par tout :
Qu'à la Cour les jeunes marquis
Venoient prendre de mes avis ;
Que les Magots y font fortune
Tout comme en ce Pays.

AIR. *Paris eft au Roi, mon cœur eft à moi.*

Nos lacqs, nos vernis,
Nos fleurs & nos fruits,
Nos petits pots-pouris
Y font d'un grand prix ;
Dans tous leurs bijoux
Ils ont pris nos goûts,
Pour danfer nos ballets

B 3

On s'y met en frais.
Puisqu'en France
On commence
A donner dans le Chinois,
J'imagine
Qu'à la Chine,
Bientôt des François
Nous prendrons des loix,
Nos lacqs, nos vernis, &c.

ZAIDE.

AIR. *Du Cap de bonne espérance.*

D'un Peuple vain & volage,
Deviez-vous prendre les airs ?
Vous que j'ai connu si sage,
Vous donnez dans ce travers ?

NOUREDDIN.

Quoiqu'il ait l'humeur légere,
C'est le peuple de la terre,
Qui connoît mieux le plaisir,
Et sçait mieux l'art d'en jouir.

AIR. *De tous les Capucins du monde.*

Un François jamais ne s'ennuye,
Il n'a d'autre soin dans la vie,
Que le choix des amusemens ;
Tous les autres Pays ensemble
N'offrent point autant d'agrémens,
Qu'en son sein Paris en rassemble.

AIR. *Changement pique l'appetit.*

Là, chacun pour se satisfaire,

Trouve concerts, jeux, bonne chére,
La Comédie & l'Opéra.

EGLE'.

L'Opéra ! qu'eſt-ce qu'on fait-là?

NOUREDDIN.

A I R. *La Chaîne, ou Sylvie.*

   Des Fillettes,
   Fort bien faites
   Chaque ſoir
   Vont s'y faire voir;
   Leur ſageſſe,
   Peu tigreſſe,
   D'un tendre feu
   Quête l'aveu.
Dans ce commerce de tendreſſe,
Un goût léger tient lieu de ſentiment,
   Sans ſçavoir comment
   La fin du Roman
Touche ſouvent au commencement.

A I R. *Lulli n'eſt plus à l'Opéra.*

Plus loin ſe trouve un bois charmant;
   Azile du tendre miſtére,
   Où le Dieu d'amour eſt ſouvent
   Plus honoré que dans Cithére.
   Là, de ce Peuple ſémillant,
   S'annonce en tout le caractére;
   On y voit de jeunes plumets,
   Dans de légers cabriolets,
   Traînés par un Courſier fringant,
Dar, dar, dar, dar, dar, & flin, flan, flan,
   Courir plus vîte que le vent.

ZAIDE, *à Hamsi.*

Air. *Si ma Philis vient en vandanges.*

Vous fortez?

HAMSI.

Je fuis las d'entendre,
Un fi fatiguant Difcoureur,
Et je vais de ce pas à votre Pere apprendre
Le peu d'efpoir qui refte à mon ardeur.

SCENE V.

EGLE', ZAIDE, NOUREDDIN.

NOUREDDIN.

Air. *Non, je ne ferai pas.*

EH, laiffez-le partir, ma foi, c'eft un fot homme,
Avec fon air benin, la gravité m'affomme,
Il voudroit raifonner ; mais quand on n'a rien vû,
Il fied mal, entre nous, de faire l'entendu.

ZAIDE.

Air. *Je ne veux point troubler votre ignorance.*

Vous le blâmez, vous êtes plus à plaindre.

NOUREDDIN.

Quoi, contre moi, vous prenez fon parti ?
Mais, mais, comment, vous m'allez faire craindre,
Puis-je efperer de l'emporter fur lui ?

ZAIDE.

A I R. *Non, toujours dire non.*

Non,

NOUREDDIN.

Que veut dire non ?
Vous n'y penfez pas, ma Reine ;
D'honneur, vous m'étonnez,
Vous badinez.

Il lui prend la main.

ZAIDE, *le rebutant.*

Ah! finiffez.

NOUREDDIN.

Quoi, vous me repouffez ;
L'ardeur de vos feux
Eclate dans vos yeux,
Non, cette rigueur
N'eft point dans votre cœur.
Baniffez la pudeur
Qui vous gêne.
Quand nous ferons unis,
Je veux...

ZAIDE.

Votre attente eft vaine.

NOUREDDIN.

Vous donner fi je puis,
L'air des Dames de Paris.

ZAIDE.

A I R. *Je paffe la nuit & le jour.*

Souffrent-elles, patiemment,
Que de trop près on les approche ?

NOUREDDIN.

L'usage dans un cas pressant
Leur dicte bien certain reproche,
Mais en vous écartant ainsi,
Elles ont un ton si poli,
Si radouci,
Si radouci,
Qu'il veut dire revenez-y.

ZAIDE.

AIR. *Mon petit doigt me l'a dit.*

Eh bien, retournez en France.

NOUREDDIN.

De cette seconde absence
Vous auriez trop de regret.

ZAIDE.

Je vous quitte de ce zéle.

NOUREDDIN.

Mais voilà ce qui s'appelle
Un caprice bien complet.

ZAIDE.

ARIETTE.

Petits Maîtres sans cervelle,
Que vous êtes dans l'erreur;
Vous croyez que d'une belle,
Un geste, un souris flatteur
En dépit d'elle,
Doivent surprendre le cœur.
Petits Maîtres sans cervelle,
Que vous êtes dans l'erreur!

SCENE VI. & derniere.

EGLE', ZAIDE, NOUREDDIN, HAMSI, LE MANDARIN.

LE MANDARIN, *à Hamsi.*

AIR. *D'Epicure.*

VOus perdez trop tôt l'espérance,
Sur ma fille j'ai du pouvoir;
Je suis sûr de sa complaisance.

HAMSI.

Mais je ne veux lui rien devoir.

NOUREDDIN.

Votre Pere, à propos, s'avance,
Devant lui nous nous entendrons.

ZAIDE.

J'y consens...

NOUREDDIN.

De votre inconstance,
Du moins nous sçaurons les raisons.

LE MANDARIN.

AIR. *De tous les Capucins du monde.*

Eglé...

 # LE CHINOIS,

EGLE'.

Nous voici dans la crife.

LE MANDARIN.

On dit que votre cœur méprife,
Les vœux qui vous font adreffés.

EGLE'.

Méprifer ! non, je vous affure.

LE MANDARIN.

Vous voyez...

EGLE'.

Mais...

LE MANDARIN.

Vous balancez,
Qui vous empêche de conclure ?

EGLE'.

AIR. *Nous fommes Précepteurs d'Amour.*

S'il le falloit abfolument...

HAMSI.

Non je ne veux point vous contraindre ;

PARODIE.

LE MANDARIN.

Tantôt vous parliez autrement,
Et rien ne vous forçoit à feindre.

A I R. *Que de Gentillesse.*

Zaide plus sage,
Et moins volage.
A son choix sçait mieux s'en tenir ;
Suivez son modele,
Faites comme elle.

EGLE'.

Avec bien du plaisir.

ZAIDE.

A I R. *Hélas! ma sœur, je tremble.*

Hélas! je vais mon Pere,
Peut-être vous déplaire ;
Mais enfin, Noureddin,
Compte en vain sur ma main.

L'Amour que j'eus pour lui
S'est éteint aujourd'hui.

LE MANDARIN.

Voilà bien des façons.

ZAIDE.

J'ai de fortes raisons
Pour cela.

LE MANDARIN.

ta, ta, ta, ta, ta, ta.
Quelles font ces raisons-là?

ZAIDE.

Tout l'avantage
Que fon voyage
Lui donne, eft d'être léger, volage,
Malgré fon brillant étalage,
Ses vœux font mal reçus,
Je romps le nœud qui nous engage,
Enfin, je n'en veux plus.

LE MANDARIN.

Quel abus;
Quel abus.

ZAIDE.

Non, non, je n'en veux plus.

ZAIDE.	LE MANDA
Je n'en veux plus,	Ah! quel abus!
Je n'en veux plus,	Ah! quel abus!

LE MANDARIN.

A i r. *Je ne fçais pas écrire.*

A vous entendre toutes deux,
Chacun dans fon Amoureux,

Trouve un défaut étrange.
Il faut pourtant s'accommoder,
Le moyen de vous accorder
Est de faire un échange.

A I R. *Entre l'amour & la raison.*

Hamsi, solide & sérieux,
A Zaide conviendra mieux,
Eglé qui veut que pour lui plaire
On soit leger, vif & badin,
En se donnant à Noureddin
Trouvera, je crois, son affaire.

A I R. *Trois enfans gueux.*

Que dites-vous de cet arrangement?

NOUREDDIN, *à Zaide.*

Ah! j'y consens pour vous punir volage.

à Eglé.

Je suis à vous, Eglé dès ce moment,
Si vous daignez recevoir mon hommage.

HAMSI, *à Zaide.*

A I R. *Quand le peril est agréable.*

A ce parti que l'on projette,
Donnerez-vous votre agrément?

ZAIDE.

Très-volontiers.

HAMSI.

Qu'en ce moment,

Mon ame eft fatisfaite!

LE MANDARIN.

AIR. *Rions, chantons.*

Enfin, voici votre Hyménée
Au gré de mon ardent fouhait,
Mes enfans, heureufement fait,
Pour terminer cette journée;
Rions, danfons, célébrons les nœuds
Qui comblent aujourd'hui nos vœux.

DUO.

EGLE & NOUREDDIN.

L'Amour d'un trait vainqueur,
Perce mon ame,
Oui, je fens que d'un trait vainqueur,
L'Amour perce mon cœur.
Il m'enflâme.
Goutons la plus vive allegreffe,
M'aimerez-vous toujours?
Oui, j'aimerai fans ceffe
Nos fidéles amours,
Oui, dureront toujours.

F I N.

www.ingramcontent.com/pod-product-compliance
Lightning Source LLC
LaVergne TN
LVHW020625180726
843502LV00006B/1872